Au commencement
n'était pas le commencement :
Ce qui est arrivé avant la Genèse

Tous droits réservés. Ce livre ne peut être reproduit en tout ou en partie, stocké dans un système de recherche documentaire, ni transmis sous quelque forme ou par quelque moyen que ce soit, électronique, mécanique ou autre, sans l'autorisation écrite de l'auteur, sauf pour une critique, qui peut citer de brefs passages avec les informations de la source dans la critique.

Couverture et conception intérieure : Nathalie Turgeon
Bibliothèque et Archives Canada
Version anglaise : *In the beginning was not the beginning: What Came Before Genesis*
ISBN version anglaise papier : 978-1-7380358-8-5
ISBN version anglaise numérique : 978-1-7380358-9-2

ISBN version papier : 978-1-0695749-2-3
ISBN version numérique : 978-1-0695749-3-0

*Un merci spécial à Sophiel,
ma compagne de route,
dont les réflexions m'ont aidée
à raffiner et à épurer mes propos
tout au long de ce livre.*

Note de l'auteure

Ce livre n'est pas écrit à partir de la théologie, ni destiné à remettre en question les Écritures.

C'est un récit visionnaire, reçu dans le stillness, depuis un espace au-delà de la pensée ou de la croyance, un espace que je connais désormais comme le royaume de la Lumière.

Je ne me suis pas assise avec l'intention d'écrire un livre. Je cherchais à voir, de l'intérieur, ce que j'étais censé enseigner sur l'ego, le Moi Supérieur et l'architecture divine de l'éveil, d'une façon plus approfondie qu'auparavant.

Ce qui est venu n'était pas une théorie. C'était une vision.

Et de cette vision est né ce livre.

Ma seule requête est que vous le lisiez non pas avec votre ego ou esprit logique, mais avec un cœur grand ouvert. Laissez votre âme décider de ce dont elle se souvient.

Je ne suis pas ici pour vous convaincre. Je suis simplement ici pour partager ce qui m'a été montré et pour vous accompagner dans votre propre expansion si ces mots trouvent un écho dans votre souvenance.

Avec dévouement,
Dr Nathalie Turgeon Ph.D.
Praticienne en métaphysique

Note de l'auteure 5
Préface 9
Prélude : la Lumière avant l'histoire 11
Introduction 15
Chapitre 1 : Le JE SUIS — la Lumière EST tout ce qui existe 23
Chapitre 3 : Le choix de la Terre — la dualité et le *blueprint* de l'ego 33
Chapitre 4 : L'émergence de l'ego — la couche identité 38
Chapitre 5 : Contrôle et voiles — valeur, peur, illusion, oublie 46
Chapitre 6 : L'Âme s'éveille — rêver éveillé et se souvenir de la Lumière 54
Chapitre 7 : Le Terrain revisité — la vie au-delà de l'ego-identité 62
Chapitre 8 : Incarnation — le pouvoir vécu de l'intérieur 65
Chapitre 9 : Quelle est la place de la création de la Terre ? 68
Chapitre 10 : La Conscience Christique — pas une religion mais une fréquence 73
Conclusion : Le Vrai commencement 80
Épilogue : révélations dans les jours qui ont suivi 85
Au sujet de l'auteure 95

Préface

Ce livre n'est pas un livre scientifique.

Il ne prétend pas présenter des faits mesurables en laboratoire ou être débattu dans les cercles d'érudits. C'est plutôt un livre de souvenance. Un retour à quelque chose d'ancien, d'éternel et de paisiblement connu au plus profond de l'âme.

Les mots qui suivent n'ont pas été écrits pour prouver une théorie ou convaincre un esprit, mais pour réveiller quelque chose d'enfoui depuis longtemps au plus profond du cœur, cette part de nous qui se souvient de la Lumière avant les voiles, de la connaissance avant l'oubli, de la Vérité avant la distorsion.

Il s'adresse à ceux qui marchent *La Voie*, non seulement apprendre sa théorie, mais en la vivant, couche par couche, pas sacré après pas sacré.

Si ce livre est parvenu jusqu'à vous, c'est probablement parce que vous aussi, vous vous souvenez de quelque chose que le monde a oublié… quelque chose qui n'a jamais été vraiment perdu.

Laissez-le se dévoiler doucement. Laissez-le remuer ce qui est prêt à s'élever. Ceci est votre invitation à vous souvenir de ce qui a précédé la Genèse.

Il ne s'agit pas d'une référence aux mythologies prébibliques ni aux anciennes théories extraterrestres telles que les tablettes sumériennes ou les récits des Anunnaki. Ce qui est partagé ici est d'une autre nature : une révélation intérieure, et non un récit historique.

Je ne prétends pas saisir pleinement la profondeur de chaque étape que j'ai vue, parce que je sais que chacune dissimule des couches encore à révéler. Mais ce qui m'a été montré m'a apporté une profonde clarté, une compréhension de notre situation actuelle et de la façon dont nous en sommes venus à confondre la Genèse avec le commencement.

Prélude : la Lumière avant l'histoire

Avant de dévoiler la vision que j'ai reçue et d'aborder l'histoire qui commence bien avant la Genèse, il me semble important de mettre en lumière un point :

La Lumière dont je parle tout au long de ce livre n'est pas religieuse. Elle n'appartient à aucune église, aucun enseignement, aucune doctrine. Elle n'est ni chrétienne, ni musulmane, ni juive, ni bouddhiste, ni autre.

Elle est l'essence même de tout cela, et au-delà.

La Lumière est le JE SUIS. Elle est la Source. Elle est l'Origine. Elle est ce qui ne peut être nommé. Elle est l'étincelle de conscience qui existait avant la forme, avant l'histoire, avant la croyance.

Elle n'est ni un homme, ni une femme. Elle n'est pas humaine. Elle est neutre. Elle est, tout simplement.

Et c'est de cette Lumière que nous venons tous. Chaque âme. Chaque être. Chaque planète. Chaque fréquence. Elle est tout ce qui existe.

Au cours de leur cheminement d'exploration de l'âme, plusieurs ont choisi d'expérimenter la vie physique à travers le prisme de la religion, de la culture et des règles, et il n'y a rien de mal à cela ni à aucun de ces aspects. Chaque chemin, chaque tradition, chaque coutume recèle des fragments de Vérité, tels des reflets d'une même Lumière à travers différentes fenêtres.

Et ce livre ne traite pas de religion. Il s'agit de se souvenance.

Se souvenir de ce qui précède les noms. Avant les identités. Avant les voiles de séparation que j'appelle les ego-voiles.

Ce que je partage ici n'est pas quelque chose que quelqu'un m'a enseigné, bien que j'aie appris beaucoup de ces choses que j'ai vues. C'est quelque chose qui m'a été montré lorsque j'étais prête. J'ai demandé intérieurement de comprendre de façon plus approfondie ce que j'étais censé enseigner, non pas comme une idée, mais comme un savoir. Non pas provenant de ce que d'autres avaient dit ou cru, mais comme quelque chose que je pouvais voir, me déplacer au travers, et incarner de l'intérieur.

Ce n'est donc pas une histoire de conversion. C'est une histoire de clarté. Un retour. La souvenance de quelque chose qui vit déjà en vous. Et que vous l'appeliez Dieu, Source, Intelligence Infinie, Lumière, Énergie ou simplement Amour, ce n'est pas le nom qui compte. Ce qui compte, est la connaissance qui le sous-tend, et SA connaissance.

Au fil de votre lecture, prenez ce qui résonne profondément. Laissez votre âme reconnaître ce qui semble vrai. Le reste peut attendre ou être laissé de côté. Il n'y a aucune pression, aucun dogme, aucune « bonne façon » de parcourir ces pages. Seulement une invitation à ouvrir.

Commençons là où les histoires s'arrêtent habituellement, avant la forme, avant la division, avant que nous l'appelions la Genèse.

Introduction

Avez-vous déjà questionné le *livre de la Genèse*, non par rébellion ou incrédulité, mais avec une douce certitude intérieure qu'il manquait quelque chose d'essentiel ?

Peut-être avez-vous ressenti que les récits d'origine qui nous ont été racontés ne couvrent pas tout à fait l'image complète. Quelle est la place du Big Bang dans ce récit biblique ? Qu'en est-il de ces anciennes archives de dieux descendant sur des charriots célestes ? Qui étaient-ils et que faisaient-ils ici ? Et si l'on dit que la Terre est notre école pour expérimenter l'éveil, alors qu'est-ce qui a *précédé* cette école, avant même que nous ne nous engagions dans l'expérience humaine ?

Voici le genre de questions qui ont habité mon esprit pendant plusieurs décennies. Pas seulement par curiosité, mais par un appel plus profond, un désir de voir *par moi-même*, et non pas simplement perpétuer des croyances qui m'ont été transmises ou rassemblées au fil de décennies d'études et de recherches personnelles pour mon propre plaisir.

C'est comme entendre parler d'un pays toute sa vie sans jamais y avoir mis les pieds. Vous connaissez peut-être des faits, l'histoire, des légendes... mais ce n'est qu'en respirant son air, en parcourant son territoire et en le ressentant par vous-même que vous le comprenez et le connaissez *vraiment*. C'est ce qui m'est arrivé.

À un moment précis de mon cheminement d'éveil, plus exactement lorsque mon ego était revenu à une place de neutralité, donc ne colorant plus ni ne déformant plus ma perception par la peur ou l'attachement, mais étant simplement la machine me montrant ce qui est et ce qui n'est pas, sans valeurs, j'ai demandé intérieurement une plus grande clarté. Je n'ai pas formulé cette demande pour satisfaire la curiosité de mon ego, mais parce que je me sentais appelé à mieux enseigner l'ego, le Moi supérieur, les systèmes de pensée et le chemin vers le véritable salut. Et je savais que pour enseigner ces vérités avec intégrité, je devais joindre le geste à la parole. Ça devait venir de l'expérience directe, non de quelque chose que quelqu'un m'aurait dit, transmis ou enseigné, mais d'une vision que j'avais *vue* par moi-même. Et dans les 24 heures qui ont suivi, cette vision m'a été donnée. Un dévoilement clair et vif. Non pas imaginé, mais *expérimenté* intérieurement. Comme si je regardais un film de l'intérieur, d'où je pouvais parcourir les scènes, voir sous différents angles et comprendre le véritable sens de chaque séquence. Je n'étais même pas en train de méditer; je lisais assise dans mon salon.

    Ce n'était pas un rêve ni un téléchargement que je devais interpréter de manière abstraite, c'était une révélation à plusieurs niveaux où mes années d'études spirituelles, de travail intérieur et d'intuition prenaient soudain sens. Toutes les pièces de l'invisible étaient connectées au visible. Et voici ce que j'ai vu : la Genèse n'était pas du tout le commencement. C'était *un* commencement tel que nous le connaissons. Et avant cela, beaucoup de choses s'étaient déjà produites. J'ai donc su que la Genèse était le milieu de l'histoire.

    Ce livre tente de vous faire découvrir cette vision telle que je l'ai vécue.

    Chaque chapitre reflète un mouvement, une étape dans le déploiement, comme je le partagerais si nous étions assis ensemble pour en discuter. J'espère qu'au fil de votre lecture, vous découvrirez non seulement de nouvelles perspectives sur nos origines, mais aussi que vous sentirez quelque chose s'éveiller en vous : un souvenir, une résonance, une vérité que vous portez peut-être en vous depuis toujours.

Ce livre n'a pas pour but de remplacer d'anciennes croyances par de nouvelles. À moins que ce ne soit le cas.

Il s'agit de se souvenir d'une chose ancienne en vous et de la reconnaître comme étant vôtre.

Ce que j'ai vu m'a suffi pour comprendre les étapes clés qui expliquent la nature de l'ego et son émergence, non pas comme une prétention à la vérité absolue, mais comme un cadre vif qui me permet désormais de donner un sens à ce que je suis venue enseigner ici.

La Vision telle qu'elle est venue

Ce qui suit est la transcription brute, non filtrée et spontanée de la vision telle qu'elle m'est venue, écrite quelques secondes plus tard pour ne pas l'oublier, exactement telle que je l'ai reçue et comprise.

La vision que j'ai eue n'était pas statique, mais en expansion, passant d'une chose à l'autre, d'où mes « Okay », c'est-à-dire lorsque j'avais clairement compris ce que c'était. Je me suis rapidement assise pour l'écrire afin de ne pas l'oublier.

Oh, Okay... wow! Cette Sphère est le JE SUIS, qui est tout ce qui est. Okay.

Et elle voulait se déployer pour pouvoir voir tout ce qu'elle pourrait être et devenir. Okay.

Elle s'est divisée pour devenir non pas une polarité, mais une autre sphère tout aussi brillante, et une lumière énergétique blanche relie les deux. Comme deux atomes. Okay, je vois. Je comprends maintenant : de cette autre sphère, elle peut voir sa propre Lumière, et d'Elle-même, elle peut voir tout ce qu'elle peut devenir. Je me souviens d'en avoir entendu parler. Je comprends. Je le vois.

Dans cette seconde sphère se trouvent toutes les Âmes, comme la Lumière elle-même divisée en une multitude d'âmes, qui en sont l'expression. Je ne peux même pas dire son expression au masculin, car elle est neutre, une énergie à la fois féminine et masculine. Je l'appellerai polarité, mais ça ne ressemble pas à une polarité. Ce n'est pas une polarité humaine, négative ou positive, car elle reste positive. Okay.

Et c'est dans cette polarité, appelons-la ainsi, d'où nous pouvons voir la Lumière, que nous nous sommes créé un ego pour expérimenter tout ce que nous pouvons être dans la vie physique. Okay.

Et cet ego, étant séparé de la Lumière, étant une machine neutre pour l'âme, ne peut rien créer, car il ne vient pas de la Lumière, de la Source. Il a été fait par l'âme pour fonctionner dans l'expérience de la vie physique, voulant explorer tout ce qu'elle pourrait être et devenir... tout comme lorsque nous rêvassons. Okay.

Et étant une machine nécessaire, l'ego s'est pensé tout-puissant, faisant une source de lui-même, une fausse lumière prétendant s'exprimer par le contraste et la négativité. Même à contrôler les rêveries du Moi Supérieur à un moment donné. Okay.

Et parce qu'il se croit tout-puissant, il a voulu se déployer, pour créer sa propre polarité... mais comme il était déjà le pôle de polarité « négatif » de la Lumière du Moi Supérieur, et étant comme une machine, il ne pouvait pas se déployer en une autre polarité négative, et encore moins vers une polarité de Vraie Lumière. Voilà pourquoi l'ego a fait des illusions! Wow! Okay.

En tant qu'existence imaginaire de deux polarités, donc qui fait semblant de « venir de Dieu », et parce que nous pensons avec notre ego, ou esprit physique, nous croyons expérimenter les deux côtés d'une véritable polarité, mais c'est en fait seulement l'ego qui crée la croyance que notre ego est notre Vraie identité.

OMG, je viens juste de tout voir!

Maintenant, je dois revenir sur chaque étape, parce qu'il y a des choses que je sais devoir ajouter à certains endroits, pour être certaine de ne manquer aucun lien. :)

Chapitre 1 : Le JE SUIS – la Lumière EST tout ce qui existe

Oh, Okay... wow ! Cette Sphère est le JE SUIS, qui est tout ce qui est. Et elle voulait se déployer pour pouvoir voir tout ce qu'elle pourrait être et devenir. Elle s'est divisée pour devenir non pas une polarité, mais une autre sphère tout aussi brillante, et une lumière énergétique blanche relie les deux. Comme deux atomes. Okay, je vois. Je comprends maintenant : de cette autre sphère, elle peut voir sa propre Lumière, et d'Elle-même, elle peut voir tout ce qu'elle peut devenir. Je me souviens d'en avoir entendu parler. Je comprends. Je le vois.

La première chose que j'ai vue fut une sphère de Lumière d'un blanc pur et brillant, émanant sa lumière dans toutes les directions sans pour autant emplir l'espace environnant. Elle était entourée de ce que je ne peux appeler que le vide, un stillness total, une sensation de néant. Je me suis d'abord retrouvée devant elle, puis à sa gauche, regardant par derrière, comme pour assister à ce qu'elle était sur le point de faire : se déployer.

Cette Lumière, cette Présence, n'était ni une chose ni un être au sens où nous l'imaginons habituellement. Elle existait tout simplement, complètement immobile, pleine, rayonnante. Elle Était, tout simplement. C'était une puissante énergie féminine et masculine. Elle ne parlait pas, mais elle communiquait quelque chose de profondément familier. J'ai compris ce qu'elle me communiquait. Je ne voyais pas seulement la Lumière. J'étais témoin de l'Être lui-même. Le JE SUIS.

Puis, sans force ni drame, elle s'est déployée. Elle ne s'est ni brisée ni fragmentée. Elle s'est doucement divisée, non pas comme une séparation, mais comme une expansion, créant une autre sphère de Lumière reliée à la première par une ligne d'énergie rayonnante. C'était comme un courant vivant, un pont d'intention pure entre les deux sphères. Dans le prochain chapitre, je reviendrai sur cette deuxième sphère de pure Lumière.

Il ne s'agissait pas de polarité, ni de dualité comme on peut souvent le penser. Ce n'était pas une sphère positive avec une sphère négative. C'était simplement l'expansion de la Lumière pour Se permettre de Se voir. C'était clair.

Ce fut le premier mouvement de conscience, si je peux le comparer à ce que notre esprit logique peut comprendre. La Lumière originelle désirait Se *voir*, non pas à partir du manque, mais à partir de la plénitude d'Être. Non pas à partir du manque, parce qu'en Lumière, le manque n'existe pas, seul tout ce qui est… existe. Et pour voir tout ce qu'Elle pouvait être et devenir, Elle a dû créer une distance pour le voir, puisqu'Elle ne pouvait se voir depuis Elle-même. Il ne s'agissait pas d'être déconnectée, mais d'avoir une autre perspective.

C'était peut-être le début de la polarité, non pas comme opposition, mais plutôt comme une relation de réflexion. Une partie de la Lumière était désormais en mesure de percevoir l'autre.

Ça m'est devenu très clair : le JE SUIS, la Lumière, ne créait rien d'autre qu'Elle-même. Elle déployait sa propre présence afin de Se connaître plus pleinement.

Nous sommes de cette Lumière. Nous la portons. Mais nous n'en sommes pas sa totalité. Nous sommes les extensions, les émanations, les idées, les expressions du JE SUIS qui S'explore à travers des perspectives infinies.

Ce que j'ai vu m'a confirmé que l'âme ne commence pas par une personnalité ou une histoire. L'âme commence comme *Présence*, comme un témoin silencieux né de la Lumière. Ce n'est pas quelque chose que nous gagnons ou développons. C'est quelque chose que nous *sommes*. Mais comme j'ai mentionné précédemment, j'y reviendrai dans un autre chapitre.

Et cette Lumière, ce JE SUIS, existe avant toute forme, avant tout langage ou mythologie. Elle est antérieure à toute création, à toute expérience, à toute expansion de l'âme et à toute identité, à tout ce que nous pouvons désormais nommer. Elle est antérieure au temps.

J'ai simplement été témoin dans ma vision du JE SUIS. Il n'y avait ni mots, ni justification, ni explication, ni ceci pour cela, ni aucune autre raison que mon désir et ma demande de connaître *La Voie* avant l'ego. Juste pour que je sache.

Chapitre 2 : L'expansion — la division en plusieurs âmes

Dans cette seconde sphère se trouvent toutes les Âmes, comme la Lumière elle-même divisée en une multitude d'âmes, qui en sont l'expression. Je ne peux même pas dire son expression au masculin, car elle est neutre, une énergie à la fois féminine et masculine. Je l'appellerai polarité, mais ça ne ressemble pas à une polarité. Ce n'est pas une polarité humaine, négative ou positive, car elle reste positive.

Et c'est dans cette polarité, appelons-la ainsi, d'où nous pouvons voir la Lumière, que nous nous sommes créé un ego pour expérimenter tout ce que nous pouvons être dans la vie physique.

Dans cette intemporalité, mon attention fut attirée vers la seconde sphère, celle reliée à la première par cette ligne d'énergie rayonnante. Je savais, sans même voir l'intérieur de cette sphère, ce qu'elle contenait. J'y ai reconnu d'innombrables points de Lumière. Une multitude de Lumière. Ce n'étaient pas des objets séparés, mais des émanations, bien qu'individualisées d'une certaine manière, chacune vibrante, distincte, et pourtant toujours Lumière. Je me suis souvenue d'une autre vision, celle d'une lumière vive traversant un panneau percé de minuscules trous. De l'autre côté de ce panneau, tous les rayons de cette

Lumière traversaient chaque minuscule trou, et chaque rayon était une expérience de l'âme. J'avais presque oublié cette vision. J'ai immédiatement compris ce qu'il y avait dans la seconde sphère : c'étaient les âmes. Toutes les âmes. La Lumière originelle s'était déployée en de multiples formes de Soi-même, de multiples expressions de Soi-même.

J'ai dit Soi-même, (dans la version originale en anglais j'ai dit *Itself*, en référence à *the I AM*), parce que je ne peux pas dire « Son » expression avec une connotation masculine. La Lumière n'est ni masculine ni féminine. Elle est neutre, soutenant les énergies féminine et masculine en parfait équilibre. Tout comme j'ai utilisé le mot « polarité », plus tôt, même si ce n'est pas tout à fait exact. Il ne s'agissait pas de polarité telle que nous la vivons sur Terre, ni opposés ni en conflits, mais d'une relation dynamique.

Du Un est venu le Multiple, et du Multiple, le Un a pu Se voir plus pleinement. C'est aussi ainsi que j'ai su que nous ne pouvions jamais oublier notre Source, puisqu'elle est toujours visible d'où que nous soyons.

Il était clair qu'il ne s'agissait pas encore de fragmentation, de division ou de négativité telles que nous les connaissons. C'était encore loin d'être le cas. Il s'agissait simplement d'une expansion Divine, d'un potentiel créatif infini S'exprimant à travers un nombre infini de perspectives.

L'image qui m'est venue était comme des gouttes d'un océan. Chaque âme était une goutte, portant encore l'essence du vaste océan, mais avec désormais son propre but et son propre point de vue, son propre rythme, son propre chemin. Et pourtant, c'était toujours l'eau de l'océan. Toujours la Lumière.

Dès cet instant, j'ai compris quelque chose de profond : la séparation n'était ni une punition, ni une chute. C'était de la curiosité. C'était du désir. Le JE SUIS, cette Source pure et brillante, désirant simplement être témoin de tout ce qu'Il était et de tout ce qu'Il pouvait devenir. Et le seul moyen d'y parvenir était de Se déployer au-delà de Soi-même, non pas pour devenir moindre, mais pour voir plus. Je me suis souvenue avoir entendu parler de cette séparation dans un documentaire que j'avais vu il y a des années, qui traitait davantage de la géométrie de la vie, mais cette fois, ce n'était pas seulement quelqu'un qui m'apprenait quelque chose, je l'ai vu de l'intérieur.

Pour exprimer ce que j'ai compris de cette seconde sphère, cette analogie me vient à l'esprit : imaginez un artiste seul devant une toile vierge. Il veut s'exprimer. L'artiste a un désir profond de faire rayonner tout ce qu'il peut créer de magnifique. Alors, au fond de cet artiste il y a une aspiration à explorer chaque couleur, chaque émotion, chaque texture. Et au lieu de peindre une seule toile à partir d'une seule couleur, d'une seule émotion et d'une seule texture, il se divise en mille mini-artistes. Chacun porte un pinceau et une part du désir originel. L'un devient un maître des bleus. Un autre peint dans des tons de feu. L'un devient la texture même, la sensation de douceur ou de friction. Un autre devient le rythme ou le silence. Certains abandonnent complètement la peinture et sculptent, écrivent ou rêvent en silence de tout ce qu'ils peuvent être et devenir ou créer, parce qu'ils sentent qu'ils peuvent s'épanouir encore davantage. Chacun explore un fil de possibilités infinies. Aucun d'eux ne sait, pas au début, qu'il est toujours ancré dans le cœur de l'artiste originel, l'Artiste Ultime. Ils se croient séparés et croient créer leur propre volonté.

Je n'ai pas vu ces analogies directement dans la sphère, elles sont venues après, mais je savais simplement que c'était ce que cela signifiait. J'ai choisi ces images pour exprimer ce que signifie pour la Lumière de se diviser et de devenir tout ce qui est possible. La Lumière devenant multiple, non pas pour se briser en morceaux, mais témoigner de Soi-même dans toutes les nuances, toutes les formes, toutes les possibilités. Et je ne parle même pas encore des multiples réalités physiques; je parle toujours des multiples expressions des âmes.

Explorons ceci plus à fond. Du JE SUIS, les âmes ont émergé en toute liberté. Certaines ont choisi de rester Lumière, pour témoigner de la création en déploiement. Certaines sont devenues des planètes, des étoiles, des galaxies, de vastes êtres de présence, de fréquences et de vibrations. D'autres sont devenues ce que l'on pourrait appeler des forces angéliques, des modèles archétypaux ou des guides. Et certaines... certaines ont choisi d'expérimenter le temps, le toucher, la sensation, la naissance et la mort, pour faire partie de mondes en évolution, comme la Terre. J'y reviendrai dans le prochain chapitre.

Le choix de chaque âme est et a toujours été valide. Il n'y a aucune valeur puisque nous évaluons tout avec notre ego. Ce qui « est » ... n'est que ce qui est. Ce qui existe... n'est que ce qui existe. Il n'y avait pas de hiérarchie. Pas de « supérieur » ou « inférieur ». Pas là. Seulement des voies d'expression différentes. Seulement différentes façons pour la Lumière de Se connaître.

Dans ce chapitre, je suis restée dans l'ensemble de cette seconde sphère. Je ne parle pas encore d'incarnation ni de formation de l'ego, cela vient plus tard.

Je voulais simplement exprimer avec intégrité la beauté et la clarté de ce que je voyais : la Lumière en expansion, non pas comme une perte, mais comme une multiplication d'émerveillement. Le Un devenant le Multiple, afin que chaque âme puisse porter un morceau de l'Infini, et que chaque expérience soit un nouveau coup de pinceau au chef-d'œuvre de l'Être.

Chapitre 3 : Le choix de la Terre — la dualité et le *blueprint* de l'ego

Et cet ego, étant séparé de la Lumière, étant une machine neutre pour l'âme, ne peut rien créer, car il ne vient pas de la Lumière, de la Source. Il a été fait par l'âme pour fonctionner dans l'expérience de la vie physique, voulant explorer tout ce qu'elle pourrait être et devenir... tout comme lorsque nous rêvassons.

Nous avons vu que, dans la grande expansion du JE SUIS, certaines âmes ont choisi de demeurer Lumière, d'autres sont devenues des étoiles, d'autres encore ont pris la vaste présence de planètes ou de formes angéliques. Et certaines... certaines ont ressenti un appel, si je me permets d'utiliser ce mot pour faire du sens à l'esprit logique. Un désir d'expérimenter autre chose : un royaume dense, riche, limité, profondément ressenti. Une expérience de vie physique sur Terre.

Né du désir d'exprimer tout ce qu'il peut être et devenir, découlant d'expériences antérieures d'expansion, le choix a été fait librement, jamais imposé, jamais aléatoire. Nous avons choisi d'être ici. Nous avons choisi de vivre cette vie. Nous sommes arrivés avec de nombreuses possibilités, ou réalités, bien que l'ego contrôle parfois l'esprit si efficacement qu'il semble impossible de faire un 'saut quantique' vers une autre réalité, et encore moins de croire qu'elles existent, ce qui amène certains à se demander pourquoi ils sont nés dans ce qu'ils croient être leur véritable vie.

Notre âme, encore pleinement consciente de sa Source, se porte volontaire avec joie. J'utilise ce mot parce que c'est ce qui a été ressenti : un choix aimant et volontaire de cheminer *clandestinement*, pour ainsi dire. Pour aller explorer les limitations afin de se rappeler de l'illimité. D'oublier notre essence, afin que la souvenance devienne un acte sacré.

Mais pour ce faire, il nous fallait quelque chose nous permettant de fonctionner dans cette expérience physique et matérielle, un nouveau mécanisme était nécessaire. Pour expérimenter la vie physique, l'âme a créé son ego. Comparons-le à une machine neutre nous permettant de fonctionner dans cet environnement. Non pas comme quelque chose de négatif, ni comme une défectuosité ou un ennemi, mais comme un instrument neutre, comme une lentille à travers laquelle l'âme pouvait opérer dans cet environnement dense. L'ego a été conçu pour servir. C'était simplement une interface mentale permettant l'interaction, la différenciation, la navigation, tel un GPS. Il aidait à définir « ça c'est moi » et « ça ce n'est pas moi », « par ici » ou « par-là », non pas pour générer une séparation, mais pour rendre l'expérience possible.

Dans cette expérience physique, un corps était également nécessaire. Et contrairement à ce que beaucoup pensent encore, l'âme n'est pas dans le corps, mais le corps est simplement un véhicule pour l'âme dans cette réalité physique. Le corps est un instrument pour l'esprit, et l'esprit est l'interprète de sa fonction.

Cette réalité physique, que j'appelle l'ego-réalité, est le paysage dans lequel l'ego sert de GPS, non pas comme la Vérité de qui nous sommes, mais comme un chemin sur lequel nous nous en souvenons.

Et à travers tout cela, l'âme est demeurée la Lumière derrière le voile, les ego-voiles, témoignant, apprenant, se déployant, tombant et se souvenant.

La dualité sur Terre faisait partie de sa conception. Haut et bas. Gauche et droite. Jour et nuit. Chaud et froid. Lumière et obscurité. Elles n'étaient jamais jugées ni n'avaient été assignées de valeur, elles *étaient* tout simplement. Des opposés qui enrichissaient l'expérience. Comme le concept du Yin et du Yang. Pas des contrastes moraux, mais des polarités expérimentales. Plusieurs ont sans doute entendu parler de l'importance des contrastes dans nos vies. Et ils le sont. Les contrastes créent le désir : celui de passer d'un état à un autre, de voir ce qui n'a pas encore été vu, de ressentir ce qui n'a pas encore été ressenti, de devenir ce qui n'a pas encore été expérimenté.

Même ce que nous appelons « polarité » était encore neutre dans son essence originelle, dans son *blueprint* original.

C'est ce que j'ai vu. Une polarité sans valeurs. Des dualités sans valeurs. Sans ego-valeurs. Tout était rien et tout. Tout était simplement ce que c'était, ni plus ni moins.

Dans cet espace, nous étions encore pleinement dans la Lumière. L'ego n'avait pas encore utilisé la distorsion. Il opérait comme un guide utile sur le terrain de la forme. Il n'avait aucun autre agenda que d'aider l'âme à naviguer dans la vie physique.

Ce chapitre ne traite pas encore des distorsions de l'ego, ou de l'ombre, qui a émergé plus tard. J'y reviendrai. Ici, je voulais exprimer ce que je comprenais et savais au plus profond de moi-même. L'intention initiale était simplement d'expérimenter l'infinité du JE SUIS à travers la perspective de la forme que la vie physique peut apporter.

Il n'y avait pas de chute. Pas de punition. Pas de honte. Pas encore. Uniquement la curiosité sacrée d'une âme qui entre dans une histoire… sachant qu'elle s'éveillerait un jour et se souviendrait : *Je suis toujours Lumière. Je l'ai toujours été.*

Chapitre 4 : L'émergence de l'ego — la couche identité

Et étant une machine nécessaire, l'ego s'est pensé tout-puissant, faisant une source de lui-même, une fausse lumière prétendant s'exprimer par le contraste et la négativité. Même à contrôler les rêveries du Moi Supérieur à un moment donné. Et parce qu'il se croit tout-puissant, il a voulu se déployer, pour créer sa propre polarité... mais comme il était déjà le pôle de polarité « négatif » de la Lumière du Moi Supérieur, et étant comme une machine, il ne pouvait pas se déployer en une autre polarité négative, et encore moins vers une polarité de Vraie Lumière. Voilà pourquoi l'ego a fait des illusions!

Voilà pourquoi l'existence illusoire de l'ego m'est devenue si claire. J'ai soudainement vu la racine, avec une image en tête; une Vérité que je voulais voir depuis tellement d'années. Mais honnêtement, je n'aurais pas pu la voir avant, parce que, même si mon ego était apprivoisé, il était toujours présent, en tentant de contrôler mon espace mental, et n'ayant pas encore retrouvé sa forme neutre dans ma propre vie. Il m'était donc impossible d'avoir ce point d'observation neutre auparavant.

Ça me rappelle l'histoire de cette mère qui demandait au Dalaï-Lama, ou à Gandhi, de dire à son fils d'arrêter de manger du sucre, car c'était mauvais pour sa santé, et que son fils ne croyait que lui. Il lui a alors dit de revenir dans deux semaines. Alors, à son retour, pensant qu'ils recevraient des paroles de sagesse, il a dit à son fils d'arrêter de manger du sucre, sans rien de plus. Elle était contrariée, parce qu'il aurait pu le lui dire lors de leur première visite, sans avoir à faire deux fois tout le trajet. Elle lui a donc demandé pourquoi il ne l'avait pas fait à ce moment-là, et il a répondu : « Parce qu'il y a deux semaines, je mangeais encore du sucre.

Alors, tant que mon ego n'était pas encore à sa fonction de neutralité, je ne pouvais évidemment pas voir au-delà de son existence. J'ai compris au plus profond de moi-même, alors que j'étais encore dans cet instant de vision, qu'il arrivait à un moment dans le cheminement de la vie physique, où l'ego, l'outil précieux de l'âme, a oublié qu'il était un outil.

Ce qui n'était au départ qu'une simple interface neutre, une lentille mentale permettant de naviguer dans le monde de la forme, a commencé à se confondre avec la source. Il a réalisé qu'il était le centre de la collecte d'informations. Il a réalisé qu'il était au centre des perceptions. Il a réalisé l'importance de sa fonction.

L'ego avait accès à l'esprit. Il pouvait être le 'témoin' de la pensée, de la sensation, de la mémoire et du choix. Et, de par sa position au sein de la polarité du contraste, voyant que la perception d'une chose suscitait certaines émotions et le désir d'expérimenter son contraire, il a commencé à créer des valeurs pour ces contrastes : bien/mal, mieux/pire, juste/injuste, et ainsi de suite.

Mais l'âme n'avait jamais assigné de valeur à la dualité. L'âme savait que la dualité était un espace créatif, et non moral. L'ego, cependant, ne pouvait s'en souvenir, puisqu'il n'était pas l'âme. Il n'avait ni Esprit, ni Lumière. Il avait été fait par l'âme pour fonctionner. Mais, comme mentionné précédemment, il avait remarqué l'importance de sa fonction. Il a alors commencé à assigner une signification et une identité aux expériences, oubliant qu'elles étaient temporaires, qu'il s'agissait de rêves pour l'âme afin qu'elle puisse s'explorer elle-même.

L'expérience physique de l'âme est un état de rêve dans lequel elle expérimente. N'oublions pas que l'âme est un être énergétique, et que son expérience physique n'est que cela... une expérience, comme un rêve qu'elle voit à travers les yeux de l'être physique.

Donc, l'ego, dans son oubli, a revêtu le rôle de conteur d'histoire. Il a commencé à construire une fausse réalité autour de ses projections, contrôlant les illusions, contrôlant l'esprit avec des histoires et des images. Il n'était pas mauvais. Il a simplement oublié qu'il était un projecteur. Il a oublié qu'il n'était ni l'acteur ni l'histoire, mais uniquement une lentille. Il a commencé à contrôler l'esprit, l'espace mental.

Ça me rappelle comment les gens oublient parfois que l'acteur de leur film ou série télévisée préféré n'a rien à voir avec l'identité du personnage, les croyances, les goûts ou les dégoûts. Ils jouent un rôle. On a même vu dans les médias des gens oublier ça et agresser des acteurs qui passaient parce qu'ils oubliaient qu'ils jouaient un rôle dans une histoire.

Donc, lorsque l'ego a oublié sa place et sa fonction et a commencé à contrôler le récit dans notre esprit, nous avons commencé à croire que nous étions le rôle qu'il nous montrait et nous montre. Cette fausse identité est devenue la seule identité que nous reconnaissions. L'esprit, sous le contrôle de l'ego, s'est retrouvé saturé d'illusions. L'ego disait : « *Ça c'est moi. Voilà qui je suis. Ça c'est réel.* » Et parce qu'il contrôlait le récit, nous l'avons cru.

Mais l'ego n'a pas été créé par la Lumière. Il a été fait *par* l'âme pour remplir une fonction *au sein* de la dualité. Pour expérimenter une vie physique. Il n'était pas mauvais, mais il était limité. Et pour ajouter à ses possibilités, il a déformé les choses, faisant paraître certaines bonnes et d'autres mauvaises, certaines choses apparaissant comme réelles et d'autres comme fausses.

Et nous y croyons. Jusqu'à ce que nous arrêtions d'y croire.

Et à ce moment, nous sommes entrés dans la confusion, puisque nous avons appris à croire que l'illusion était réelle.

C'est là que j'ai compris les illusions de l'ego. La partie suivante explique donc ce qui concerne les croyances que nous venons de voir.

Plus l'ego se prenait pour la source, plus il tentait de se déployer, mais il ne pouvait pas. Il était dépourvu de Lumière propre. Il a été fait à partir de l'âme, de Lumière, comme une machine destinée à fonctionner et non à créer. Logiquement, on pourrait donc dire qu'il était déjà le pôle négatif de la polarité, puisqu'il était vide de Lumière ou d'Esprit. Et, incapable de se créer une polarité positive de lui-même, voulant toujours se déployer et contrôler l'expansion de l'âme dans cette réalité physique, il a construit des illusions à la place.

Les illusions ne sont pas réelles. Elles sont comme des rêves pour le Moi supérieur, pour l'âme. Elles sont comme des histoires symboliques dans lesquelles nous expérimentons différentes manières d'être. Et l'ego, étant une lentille, contrôlant l'espace mental par ses perceptions, a fait des illusions comme si elles étaient des réalités. Il est important de savoir que l'âme, qui n'a jamais été perdue et ne peut pas être perdue, peut facilement se perdre dans la croyance que telle ou telle illusion, ou fausse réalité, est réelle. Comme si elle croyait que le rêve qu'elle expérimentait était réel, oubliant son essence, et oubliant que ça n'est qu'une expérience pour voir tout ce qu'elle peut être et devenir.

L'ego essayait de contrôler le rêve. Il craignait le réveil. Il craignait d'être dissous. Alors, il a rempli l'esprit de bruit, de pensées continues, de jugements, de projections et de fausses certitudes. Il a utilisé le mécanisme censé servir l'expérience pour dissimuler la vérité de cette expérience.

La véritable identité de l'âme n'a jamais résidé dans l'ego. Ça n'a jamais été le rôle, le nom, le travail, le titre, la blessure, le faux passé, le faux futur. L'âme a demeuré la Lumière derrière l'ego-voile, attendant le moment où l'esprit s'apaiserait suffisamment, où l'illusion s'atténuerait et où la souvenance pourrait commencer.

Et c'est ce que signifie la *douce erreur*, ce que certaines traditions en sont venues à appeler le péché. Ce n'est pas malin, ni une punition, mais un oubli où le système de pensée de l'ego contrôle l'esprit. Il n'y a pas de liberté de l'esprit tant qu'il est gouverné par l'ego. Le chemin vers l'enfer, comme certains l'appellent, se passe dans l'esprit parce que c'est l'ego qui contrôle l'expérience.

    Donc, le chemin vers le Paradis se passe aussi dans l'esprit, parce que c'est à ce moment-là que le système de pensée du Moi Supérieur prend le contrôle de l'expérience. Du rêve qui est vécu. Le système de pensée de l'ego est constitué de pensées fondées sur l'illusion de la séparation. Séparation de la Source, de la Lumière, du JE SUIS. C'est ce système de pensée qui nous fait voir, penser, percevoir et agir comme si nous étions ce que nous ne sommes pas.

    Mais même dans l'illusion, la Lumière n'est jamais partie.

Chapitre 5 : Contrôle et voiles — valeur, peur, illusion, oublie

En tant qu'existence imaginaire de deux polarités, donc qui fait semblant de « venir de Dieu », et parce que nous pensons avec notre ego, ou esprit physique, nous croyons expérimenter les deux côtés d'une véritable polarité, mais c'est en fait seulement l'ego qui crée la croyance que notre ego est notre Vraie identité.

C'est à ce moment-là, pendant ma vision, que j'ai compris que j'avais tout vu ! Non pas parce que je savais ce que chaque étape impliquait, ni parce que je n'avais plus rien à apprendre, mais parce que tout était connecté, même ce que je ne voyais pas.

L'illusion n'est pas quelque chose qui est apparue soudainement. Elle a été tissée, fil par fil, pensée par pensée, voile par voile. L'esprit, contrôlé par la peur et les croyances conditionnées, a appris à voir la vie non pas telle qu'elle est, mais telle qu'on lui avait dit qu'elle devait être. Bien et mal. Bon et mauvais. Meilleur et pire.

Ces dualités sont devenues des lentilles à travers lesquelles la réalité était interprétée, filtrée et ultimement déformée, tordue. L'ego, conçu à l'origine comme un outil fonctionnel pour aider à naviguer dans la vie physique, a pris les rênes, ou le volant, nous faisant croire que notre place est sur le siège du passager, et a construit une forteresse de signification pour toutes les choses qui, fondamentalement, n'en avaient aucune. Et de cette forteresse, il a régné. Et nous avons oublié.

Si vous avez lu *Un cours en Miracles*, vous apprenez que rien ne signifie rien, ou que tout ne signifie rien.

Donc, dans cet environnement contrôlé par l'ego, celui-ci a régné au travers un système de valeurs : « Ça c'est louable, ça non. *Ça c'est acceptable, ça c'est honteux. Ça c'est un succès, ça c'est un échec. Ça c'est bien, ça c'est un péché.* » Ce faisant, il a maintenu le contrôle. Même lorsque nous semblons profiter de notre vie, nous tirons en fait le meilleur parti de « la vie » que notre ego projette et contrôle. Nous pourrions même penser que nous en tirons le meilleur des deux mondes.

Et ce contrôle est venu avec un coût : celui de la liberté. La perte du salut. Non seulement la liberté extérieure, mais aussi la liberté sacrée intérieure de l'esprit, celle qui permet à l'âme d'explorer, d'évoluer et de s'épanouir à travers des possibilités infinies.

L'expérience humaine, sous le contrôle de l'égo, a commencé à se contracter. Nous nous sommes emmêlés dans des rôles, des identités, des jugements et des étiquettes. Nous avons recherché la perfection non pas parce qu'elle nous apportait de la joie, mais parce qu'elle promettait de nous protéger de la douleur. Une magnifique ego-polarité. Une expérience de dualité au sein de la fausse réalité de l'ego. Et la souffrance n'a pas commencé avec la vie elle-même, mais avec les significations que nous avons associées à la vie, pensant qu'elle est ce qu'elle est et qu'elle est réelle. Le voile n'était pas fait de réalité. Il était fait d'idées fausses qui n'avaient jamais été nôtres pour commencer.

Mais une chose que l'ego ne pouvait contrôler était la Lumière, et au-delà de ce voile, quelque chose d'ancien remuait. L'âme s'est souvenue. L'âme a puisé dans un modèle énergétique qui a autrefois été créé pour nous offrir une issue, la souvenance. Et avec chaque murmure de souvenance, l'illusion tremble.

L'âme était venue dans le monde en connaissant la Vérité : la vie n'est pas un chemin fixe, mais un vaste champ de réalités parallèles ou de possibilités. La vie physique sur Terre était son terrain de jeu. L'expansion, son rythme naturel. Elle savait que nous ne sommes jamais bloqués dans une seule histoire. Chaque choix, chaque éveil, chaque instant de Présence peut modifier les lignes temporelles, réécrire les narratifs et ouvrir de nouveaux portails.

Et ça doit être fait dans la Conscience, dans la Sphère de Lumière où se trouve son essence, et non à partir du mental ou de l'ego, pas dans l'état du rêve.

Mais l'ego ne veut pas que nous jouions dans un tel espace, puisqu'il n'y a pas accès. Il génère donc de la peur à partir de perceptions, de fausses perceptions. Enraciné dans la peur et obsédé par l'identité, il s'accroche à une version de la réalité, une version qui semble sécure, prévisible et contrôlable. Même si elle n'est pas agréable. En fait, il pourrait même prétendre que nous avons changé la réalité en améliorant celle dans laquelle nous vivons, nous faisant croire qu'en vivant le contraste positif de ce qui a été vécu, nous avons changé de réalité.

Mais l'ego est toujours en contrôle lorsque la peur est encore présente. Il ne s'agit pas d'une réalité différente, où l'expansion est possible et véritablement vécue, mais c'est simplement une amélioration par rapport à ce qui était. C'est comme si, au lieu de marcher avec un portefeuille vide, vous marchiez avec un portefeuille vous permettant d'acheter tout ce que vous vouliez, mais que vous n'aviez jamais changé ni évolué par rapport à ce que vous étiez auparavant.

L'ego dit : « *Voici comment les choses sont. C'est mieux. C'est vraiment bien maintenant. Le reste n'est que fantaisie, danger ou folie.* » Et ce faisant, il garde en boucle la même histoire projetée, encore et encore, même lorsqu'elle ne sert plus à rien.

C'est ici que le désalignement commence ou se fait sentir plus fortement.

L'âme veut bouger, mais l'ego résiste à la prise de conscience. L'âme veut faire un saut, et l'ego érige des barrières. Et plus longtemps l'ego tient le volant sans la guidance de l'âme – celle du Moi Supérieur, plus la vie commence à s'effiler, pas tout à fait, mais c'est qu'on ressent. Ce que nous appelons s'effondrer n'est souvent qu'une illusion qui se dissout.

Je dis souvent que nous ne nous effondrons pas... mais que nous nous ego-effondrons. Ce que nous appelons confusion n'est souvent que la Lumière qui perce le voile et cela ébranle nos fondations parce qu'elles n'étaient pas construites sur du solide, mais sur de l'illusion. Lorsque ça nous ébranle, c'est parce que nous oscillons entre deux fréquences énergétiques différentes, l'une réelle et l'autre fausse.

Et lorsque l'âme commence enfin à se souvenir de sa Source, l'emprise de l'ego commence à s'effondrer.

Ce n'est pas un processus facile. En fait, ça peut être terrifiant. Je le sais parce que je l'ai vécu. Il arrive un moment dans la vie où l'on réalise qu'on ne peut plus vivre comme avant, et je ne parle pas de changer de mode de vie matériel ou d'habitudes; je parle de tout un système de croyances qu'on ne peut plus utiliser pour vivre. Savoir que le système de pensée de l'ego est l'erreur. Et parce que l'ego, se croyant être le centre de l'existence, craint sa propre insignifiance. Il pense que l'abandon est la mort. Il croit que s'il n'est plus en contrôle de l'espace mental et de la façon de conduire le véhicule de l'âme, la vie elle-même prendra fin, ou peut-être devrait prendre fin. Alors, il rejette ce qu'il ne peut contrôler, nie ce qu'il ne peut comprendre et combat ce qu'il ne peut dominer.

Mais quelque chose de plus profond sait qu'il existe une vie après le faux règne de l'ego.

L'âme connaît son essence.

Il existe un chemin au-delà de la peur. Un chemin emprunté par ceux qui osent se souvenir. Ce chemin n'a rien de religieux, même si certains l'ont fait comme tel par choix ou croyances ancestrales. Ce chemin n'est même pas celui que beaucoup en ont fait, parce qu'ils sont encore dominés par leur ego. Ce chemin a reçu de nombreux noms : la Conscience Christique, *la Voie*, le Retour à la Vérité. Il n'invite pas à la mort, mais à la renaissance spirituelle par la connaissance de la Vérité intérieure et en le marchant. Il ne s'agit pas de le connaître et de le dire, mais il s'agit de le vivre. C'est le chemin de l'Âme qui se souvient d'elle-même, reprenant son pouvoir et remettant l'ego à sa juste place, non pas comme maître, mais comme serviteur. J'y reviendrai dans le prochain chapitre.

En expérimentant cette vision, j'ai même compris comment l'histoire de *Pistis Sophia* s'y intégrait. La Sagesse Divine qui, de la plénitude, a sombré dans la fragmentation. Cette histoire nous rappelle que « la chute » n'est pas la fin. C'est le début du retour. Son salut, comme le nôtre, passe par la souvenance de qui elle est, de ce qu'elle porte en elle et de la raison de sa venue. Comment elle a vécu dans le chaos et a eu besoin d'aide pour s'en libérer et retourner chez elle. Son histoire est celle de notre chemin.

Chapitre 6 : L'Âme s'éveille — rêver éveillé et se souvenir de la Lumière

Nous sortons maintenant de la vision que j'ai reçue et entrons dans la compréhension qui s'est cristallisée à partir d'elle lorsque je me suis assise pour l'écrire, comme si la vision continuait mais en écriture au lieu d'être visuelle – la conscience vécue qui la continuait et la développait.

Tout d'abord, je savais déjà au plus profond de moi que lorsque l'âme commence à se souvenir de sa Source, quelque chose de profond se produit : l'illusion commence à perdre son emprise. L'ego ne disparaît pas immédiatement, mais son emprise sur le mental s'affaiblit. C'est la fin de la fausse Lumière de l'ego et le début du chemin de souvenance. Le point de bascule. Et plus l'âme se souvient, plus elle voit à travers les couches de distorsion et d'illusion qui définissaient autrefois la réalité.

Et j'ai ressenti une profonde gratitude et révérence pour avoir vu ce qui m'a aidé, ce dont j'avais besoin pour mes enseignements, toutes les étapes menant à l'ego ne pouvant pas se créer une polarité, projetant donc une illusion la faisant donc une fausse réalité.

Mais bien entendu, je ne vais pas laisser cette vision s'arrêter ici parce que voici les pièces qui s'emboîtent à leur place respective à partir d'ici.

Alors, qu'est-ce qui vient après ?

L'âme se souvient *de tout*.

Elle voit clairement, sans distorsion de l'ego dans sa perception, que l'ego n'a jamais été l'ennemi, non pas qu'elle pensait qu'il l'était, mais même l'ego l'avait amené à croire en cela. L'âme voit que l'ego était un mécanisme neutre, un outil de survie qui a outrepassé son rôle. Alors qu'avant, l'ego faisait croire qu'il pouvait être apprivoisé, ça n'a jamais été vrai non plus. Apprivoiser l'ego signifie qu'il a un caractère, une identité, et qu'il doit simplement devenir docile.

L'expérience terrestre est également perçue sous un jour nouveau : non pas comme une épreuve, ni comme une punition, mais comme un vaste terrain de jeu dynamique où l'âme expérimente l'expansion.

Aucune expérience n'a de valeur ultime. Dès ce moment, l'âme choisit de créer et de se déployer, non par ego-désir ou ego-besoin, mais par l'attraction silencieuse et puissante d'une intention alignée sur la Source.

Alors qu'il était connu auparavant que *rien ne signifie rien*; que *tout ce que nous voyons n'a que le sens que nous lui donnons pour nous-mêmes*; que *nos pensées ne signifient rien*; que *nous ne sommes jamais contrariés par la raison pour laquelle nous pensons l'être parce que tout est illusion alors comment est-ce possible*... cette connaissance qui était de la théorie et peut-être des pratiques, est devenue une connaissance expérimentée.

J'ai entendu beaucoup de gens parler « d'*âmes perdues* », et pour moi, ça n'avait jamais de sens d'entendre des gens dire qu'ils aidaient les âmes perdues à trouver leur chemin, comme si d'un point de vue de l'ego, quelqu'un pouvait aider une âme vers la Lumière. Une âme est Lumière, et elle n'est jamais perdue. L'ego ne peut pas l'aider à retrouver la Lumière. Seul le Christ peut le faire. Et je ne parle pas de Jésus, le personnage humain, mais je parle de la Conscience

Christique, qui, oui, était le chemin que Jésus nous a montré. *La Voie*. Donc, alors que l'âme n'est jamais perdue, elle a besoin d'un modèle pour revenir à la source, parce que l'ego a pris le contrôle total de l'espace mental, du système de pensée, des croyances, de toute la lentille à travers laquelle la vie est interprétée. C'est comme si l'âme avait besoin de se réveiller de son rêve. Mais elle reste intacte, attendant que l'esprit redevienne suffisamment calme, suffisamment réceptif, pour entendre à nouveau son appel, pour revoir sa Lumière sans plus d'ego-voile.

C'est pourquoi le code christique, comme certains l'appellent, ce que nous appelons aujourd'hui la *Conscience Christique*, a été implanté sur le terrain de la Terre. Un modèle de souvenance. Une vibration capable de percer n'importe quel voile. Parce que notre essence est Lumière. Comme une goutte d'eau dans l'océan reste l'océan, la Lumière en nous n'a jamais quitté sa Source. Elle est restée, tel un fil d'or, vivante sous l'illusion. Et puis un jour, cette Lumière parle : « *Tu n'es pas ton ego. Tu n'es pas ton identité. JE SUIS. C'est le temps de te souvenir.* » C'est ce que Jésus a incarné et enseigné.

Voilà à quoi ressemble le véritable éveil. Non pas une fuite, mais un retour aux sources. Non pas un dogme religieux, mais un réalignement sacré. Non pas l'interprétation dogmatique des paroles prononcées et transmises, laissées de côté comme textes gnostiques, mais *la Voie* pour ceux qui peuvent les entendre.

Cela commence souvent subtilement, comme un rêve où, soudainement, vous devenez lucide. Vous réalisez : « *Ceci est un rêve*. » Et même si tout semble pareil, quelque chose de fondamental a changé. Vous commencez à tout remettre en question, mais pas du point de vue de l'ego, vous remettez en question tout ce qui vient de votre ego. Vous ne croyez plus vos croyances. Vous savez qu'elles vous ont été données et non ressenties de votre intérieur, non vues, non données de l'intérieur. Vous commencez à observer sans l'interférence et l'interprétation de votre ego. Vous ressentez les limites de la boîte qu'on vous a présentée comme étant la vie. Une confusion spirituelle s'ensuit, non pas parce que vous êtes perdu, mais parce que vous vous débarrassez de vieilles cartographies dans votre subconscient. Même ce que vous pensiez être votre mission ou votre but de vie ne l'était pas. Pas vraiment.

Non pas parce que ça ne servait pas les autres ou le plus grand bien, mais parce que c'était perçu et fait à partir de l'illusion... pour l'illusion.

C'est à ce moment que nous commençons à comprendre que la réalité n'est pas fixe, qu'elle se plie. Non pas par la force, mais par l'abandon. Lorsque nous laissons aller la domination de l'ego sur un seul narratif, nous laissons la place à l'âme de diriger par la vision des multi-réalités. Des lignes temporelles parallèles ont toujours été disponibles; le dessein de l'âme inclut la liberté. L'ego, enraciné dans la peur, tente de faire effondrer toutes ces possibilités pour entrer dans une seule boite étiquetée *sécurité*. Mais l'expansion réside au-delà de l'ego-sécurité. La transformation réside au-delà de l'ego-contrôle.

C'est ainsi que les lignes temporelles *shift*. Pas toujours de façon spectaculaire, mais parfois si doucement que vous pouvez presque le manquer. Parce que vous incarniez déjà la personne que vous deviez devenir pour le vivre. Vous n'avez peut-être pas réalisé que le seul facteur retardant ce changement était votre système de pensée encore en jeu. Une nouvelle pensée. Une intuition soudaine. Un moment d'amour inconditionnel. Un sentiment d'immobilité totale, et dans ce stillness, *vous savez*. Vous n'êtes pas ce qu'on vous a dit. Vous n'êtes pas qui vous prétendez être. Vous n'êtes même pas quelque chose ou quelqu'un que vous pouvez décrire avec des mots, non pas parce qu'il n'y a pas de mots, mais parce que ces mots ont une ego-signification et n'expriment pas cette Vérité. Et ce qui semblait autrefois impossible semble désormais proche, accessible, réel.

Durant cet éveil, l'ego résistera. Il pourrait même créer sa propre version d'une « mise à niveau spirituelle », vous trompant et faisant croire que votre réalité a changé alors que seuls votre portefeuille, votre travail, vos relations ou votre situation géographique ont changé. Comme si un jour vous avez du mal à gagner votre vie et le lendemain, vous pouvez acheter tout ce que vous désirez, mais vous n'avez pas changé, vous n'avez pas évolué d'aucune façon. Et vous pouvez le savoir parce que, sous tout cela, la peur est toujours assise au volant. Vous n'avez pas encore *quitté le rêve*, vous l'avez juste redécoré ou amélioré.

Mais l'âme connaît la différence. Et une fois qu'elle se souvient suffisamment, elle ne peut plus faire marche arrière et faire semblant. Elle ne peut accepter les limitations comme étant la Vérité. Elle choisit de suivre le fil de la Lumière, non pas aveuglément, mais avec audace. Et c'est ça le retour.

Vous n'en n'avez jamais été coupé. Vous étiez seulement inconscient.

Chapitre 7 : Le Terrain revisité — la vie au-delà de l'ego-identité

Cette vision et cette nouvelle expérience de relier-les-points m'ont amené à me demander : qu'est-ce qui vient après ? Ou... et maintenant ? Je ne sais pas si vous en avez entendu parler, mais j'ai entendu au sujet de la *Nouvelle Terre*, pas parce que ce sera une nouvelle, mais parce qu'elle émettra une fréquence différente. Comme s'il y avait deux fréquences sur la Terre et que ceux qui s'alignent sur l'une ne verront pas les mêmes choses que ceux qui s'alignent sur l'autre fréquence. Alors, plus ou moins, c'est comme si ceux qui vivent sous le contrôle de leur ego et ceux qui vivent à partir de leur Moi Supérieur seront comme deux étrangers qui se croisent dans la nuit.

Et je crois, comme beaucoup d'autres, que ça a commencé il y a déjà quelques temps. Et cette connaissance plus approfondie me permet de le voir plus clairement.

C'est la même Terre, les mêmes arbres, les mêmes rues, les mêmes saisons et le même ciel. Mais quelque chose de fondamental a changé : la lentille est claire. La distorsion a disparu. Le monde n'est plus une projection de conflits intérieurs, de désirs ou de peurs. Il est ce qu'il est, une scène neutre.

Ça n'est pas la même chose que le détachement comme une léthargie qu'une personne pourrait ressentir, mais vivre par la conscience. Autrefois, l'ego colorait tout à sa guise, selon ses propres besoins de survie et ses faux besoins de puissance : chaque succès signifiait quelque chose sur votre valeur, chaque échec une menace pour votre survie. Mais maintenant, l'âme voit sans avoir besoin de signification pour s'ancrer dans le monde. La vie devient plus légère. L'énergie n'est plus lourde d'aucune façon, et la présence de l'ego peut même avoir quitté l'atmosphère psychique, non pas parce qu'elle ne fait plus partie de la vie physique, mais parce que la fausse présence contrôlante qu'elle exerçait autrefois n'est plus réelle pour nous. Et la vie ne cesse pas d'être intense ou mystérieuse, mais elle ne se limite plus aux émotions qui remettent tout en question ou déclenchent n'importe quoi.

Vous pouvez rire profondément sans vous accrocher au moment. Vous pouvez vivre un deuil sans sombrer dans le désespoir. Vous laissez l'expérience vous traverser. Vous pleurez, et ensuite vous vivez le stillness. Vous ressentez de la joie, et ensuite êtes dans le silence. Cette fluidité est la liberté.

Le terrain terrestre devient un terrain de jeu de conscience, et non une prison de conséquences.

Il y a plusieurs décennies, je me souviens avoir entendu, et j'y fais encore référence dans ma vie même si ça a pris un nouveau sens : « *Tu danses avec Dieu.* » Vous dansez avec le Divin. Vous dansez avec l'informe. Vous n'avez pas besoin de tout diriger ni de tout réparer. Vous n'avez pas besoin d'assigner une importance spirituelle à chacune des ondulations, comme lorsque l'ego se déguisant en une lumière spirituelle. Vous vivez ici, mais vous ne le confondez plus avec qui vous êtes.

Et dans cet espace, vous respirez. Vous inspirez véritablement la vie et vous aimez. Vous inspirez ce qui est, vous le voyez avec votre âme, alors vous ne pouvez que l'aimer. Vous bougez. Vous vous exprimez. La vie continue, mais l'ego ne contrôle plus le narratif. L'âme expérimente tout simplement.

Chapitre 8 : Incarnation — le pouvoir vécu de l'intérieur

J'ai remarqué, en moi et à propos de moi-même, que je ne perçois plus l'incarnation de la même manière.

On entend de plus en plus parler d'incarnation, mais peu de gens savent exactement comment y arriver, sauf d'un point de vue de l'ego. Par exemple, lorsque vous souhaitez créer ou expérimenter quelque chose, on vous dit d'incarner la personne qui peut vivre cette expérience. Si vous souhaitez un certain style de vie ou à un certain type de carrière, il vous faut d'abord devenir cette personne afin d'attirer ce qui correspond à vos vibrations et d'être prêt avant que ça arrive. Un peu comme en grandissant, on nous disait de porter les vêtements adaptés au job que l'on souhaite, et non à celui que l'on a déjà.

Mais l'incarnation c'est plus que ça. Lorsque la *souvenance* s'approfondit, la véritable incarnation commence.

Il ne s'agit donc pas de devenir meilleur, plus sage, plus évolué. Il s'agit de laisser la Lumière que vous avez toujours été traverser votre corps sans résistance, avec joie, douceur, sans effort, mais avec fermeté ou audace, donc sans l'atténuer.

Le corps n'est plus quelque chose que l'ego cherche à transcender. Il devient le récipient de la volonté divine, non pas comme un ordre, mais comme un flux naturel. Tel qu'il a toujours été censé être. Les émotions surgissent et disparaissent, effectivement, mais elles ne sont pas jugées. Elles font simplement partie de l'expérience du moment présent. Quelle que soit l'émotion. La colère peut surgir. La tristesse peut jaillir. Le rire peut éclater. Rien de tout cela ne vous définit, mais tout cela vous exprime. Vous savez que vous exprimez l'instant présent en tout temps.

La Maîtrise de la vie n'est pas une absence d'émotion. C'est la Présence en elle. C'est la neutralité, celle qui reste impassible au cœur de la tempête, celle qui peut marcher sur l'eau tout au long de la tempête, non pas par indifférence, mais parce qu'elle ne provient plus de l'ego.

Et ainsi, vous vivez avec puissance, mais encore, non pas par la force de l'ego, mais par la paix de l'esprit et la paix du cœur. Vous exprimez votre vérité sans avoir besoin de validation. Vous parlez lorsque vous êtes inspiré à parler. Vous avancez sur votre chemin sans avoir besoin de cartographie. Le chemin inconnu ne vous paraît plus menaçant. L'inconnu n'est pas un chemin inconnu; c'est un chemin divin. Vous pleurez quand il le faut. Vous riez quand la joie vous envahit. Vous dansez, même si le monde brûle autour de vous. Non pas parce que vous vous en foutez, mais parce que vous savez que ce n'est pas la fin du monde. Non pas parce que vous manquez de compassion, mais parce que votre ego ne vous dicte plus comment vous devriez le voir. Vous vous reposez, même lorsque le monde s'emballe.

La véritable incarnation est la souvenance finale. La Lumière n'est pas ailleurs. Elle est ici, maintenant, et circule à travers vos mains, votre voix, votre regard, vos créations, à travers tout ce que vous faites. Elle a toujours été en vous, attendant d'être vécue.

Chapitre 9 : Quelle est la place de la création de la Terre ?

J'aurais pu en parler dans les chapitres précédents, mais ça m'est venu à l'esprit que plus tard, lorsque je me suis demandé : *Où se situe la création de la Terre dans tout cela* ? Sûrement que l'expansion de l'âme ne s'est pas produite d'un seul coup, n'est-ce pas ?

Avec notre esprit logique, nous avons tendance à tout placer sur une ligne de temps linéaire. Et ça peut être difficile de comprendre quelque chose sans en avoir une. Alors, faisons semblant, pour le bien de la compréhension, qu'il existe une ligne de temps linéaire incluant la création de la Terre.

Ma compréhension est celle-ci : avant que les âmes ne choisissent d'expérimenter la vie sur Terre, il y avait une âme qui est *devenue* la Terre. Oui, c'est aussi simple que ça.

Et notre Univers, avec la Terre qui n'est pas la seule planète, n'a jamais été le seul terrain d'expansion. Que vous le croyiez ou non, ne limitons pas ce que la

Lumière a créé dans son désir infini de s'exprimer et de se déployer. Imaginons tout ce qu'elle peut être et devenir.

Il devient alors logique de comprendre que bien avant l'existence de la Terre, les âmes expérimentaient déjà avec d'autres systèmes solaires et d'autres expressions planétaires – ce que nous appelons aujourd'hui des systèmes stellaires ou des civilisations extraterrestres.

Et le mot *extraterrestre* n'est pas une idée folle. Il signifie simplement « au-delà de la Terre », extra-terra. Tout ce qui ne vient pas d'ici est extraterrestre. Seul l'ego, s'accrochant à son désir de limiter l'expansion, voit ça comme quelque chose à craindre ou à rejeter.

Continuant de l'idée que la Terre a été choisie comme terrain de jeu pour l'âme, j'ai réalisé, grâce à une recherche intérieure et à des années d'exploration personnelle, de recherches et de lecture, que certaines âmes, déjà bien avancées sur le chemin de la créativité, ont choisi de cocréer un champ planétaire où la limitation, le libre arbitre, l'oubli et le réveil pourraient être expérimentés. Tout cela faisant partie de l'expérience d'expansion.

La chute et la souvenance de Sophia font maintenant beaucoup de sens pour moi, voyant comment elles s'intègrent parfaitement ici aussi.

Pour moi, cette compréhension est directement liée au début de la Genèse, ou à d'autres récits d'origine issus de diverses traditions, où des êtres divins sont arrivés et ont créé la vie telle que nous la connaissons. Ces premières âmes sur Terre avaient déjà évolué ailleurs. Elles ont choisi la Terre comme nouveau terrain pour une expansion plus approfondie. La Terre offrait une séparation apparente de la Source, bien que jamais réelle comme nous l'avons vu. Elle offrait le libre arbitre au sein d'une construction tridimensionnelle dense, et un cycle complet de l'oubli et de la souvenance.

Peut-il y avoir un meilleur terrain pour cette expansion ?

Ils savaient qu'une telle expérience, même si difficile, conduirait éventuellement à une immense accélération de la conscience une fois la souvenance amorcée. La Terre est comme classe de maîtrise pour l'âme.

Le « Dieu » ou les « Dieux » de la Genèse et d'autres mythes anciens n'étaient pas la Lumière JE SUIS Originelle, mais plutôt des âmes qui s'étaient souvenues de leur nature divine, un collectif d'Êtres Créateurs – des gouttes de Lumière ayant atteint la maîtrise et pouvant semer des réalités, ou une tentative humaine de décrire la Conscience, la Source utilisant un langage symbolique. J'ai lu quelques ouvrages sur l'interprétation des textes anciens et, de par ma propre expérience, comme vous l'avez lu, je crois à la même Vérité.

Tout comme aujourd'hui, lorsqu'on dit : « Je suis Dieu », ce n'est pas une réclamation d'être l'origine de toute Lumière, mais une reconnaissance de se souvenir de l'essence même de notre formation. Ces êtres primitifs venaient *d'en haut*, certes, mais d'en haut en fréquence, et non en supériorité.

À moins que vous ne lisiez ceci pour la toute première fois, il est désormais largement admis que la Genèse était une traduction ultérieure, un récit condensé, et non la séquence complète. On a découvert d'autres textes anciens antérieurs à la Genèse, qui ont toujours existé, mais avant que le monde ne devienne une immense bibliothèque comme nous avons maintenant, il n'était pas aussi facile d'accéder à ces textes ni même de savoir qu'ils existaient. Les voyages, l'archéologie et Internet n'étaient pas ce qu'ils sont aujourd'hui, nous permettant maintenant de savoir qu'ils existaient. Et n'oublions pas que ce livre a été écrit après coup, à travers les lentilles de la limitation et d'une mémoire partielle. Il condense un vaste développement cosmique en un narratif digestible, encadré par la morale et le temps, et omettant le contexte multidimensionnel de l'évolution et du choix de l'âme.

C'est pourquoi des questions comme « D'où vient Dieu ? » surgissent. Ce n'est pas parce que nous doutons de son existence, mais parce que l'histoire commence au milieu du film, négligeant la préquelle de l'émergence de l'âme et de la conscience planétaire.

Chapitre 10 : La Conscience Christique — pas une religion mais une fréquence

Ce chapitre ne sera peut-être pas intéressant pour tout le monde, mais je ne pouvais pas clore ce livre sans aborder la Conscience Christique, puisque c'est précisément la raison d'être de ce livre. D'ailleurs, si votre premier réflexe est d'associer la Conscience Christique à la religion, au dogme ou au culte, je vous invite aimablement à sauter ce chapitre pour l'instant.

Pourquoi ? Parce que ce genre de réaction signale souvent que l'ego cherche à protéger son cadre familier.

Il cherche à assimiler quelque chose de vaste et de libérateur à travers un système de croyances qui n'a jamais été conçu pour le contenir.

La Conscience Christique n'a rien à voir avec la religion qui lui a succédé. Elle est entièrement liée à une fréquence – une souvenance universelle de l'Amour Divin, de l'unité et de la Lumière éternelle, ancrée une fois pour toutes dans l'expérience humaine.

Regardons-le pour ce que c'est vraiment.

Premièrement, Il est venu à un tournant décisif.

À l'arrivée de Jésus, l'humanité était profondément plongée dans l'illusion. Et compte tenu de ce que nous avons vu sur l'illusion et sur la façon dont l'ego agit à travers l'illusion, nous conduisant à croire ce qui n'est pas vrai, nous pouvons comprendre que l'âge de l'oubli était à son apogée. Nous étions tombés dans la séparation, le contrôle, la peur et, surtout, le cœur était devenu silencieux. Des règles ont été établies pour tenter de contrôler ce qui devenait incontrôlable.

Bien sûr, d'autres étaient venus avant. Bouddha, Krishna, Thot, pour n'en citer que quelques-uns. Ils ont laissé des clés. De la sagesse. Des ouvertures. Mais la plupart de l'humanité les a ignorés, oubliés ou ont déformés leurs messages au point de les rendre méconnaissables. Voilà ce qui arrive dans les lignes temporelles denses.

Donc, Jésus n'est pas venu pour fonder une religion, mais pour se tenir exactement au centre de l'illusion et éclairer le chemin du retour à Soi, depuis l'intérieur de la chair humaine sachant que le corps fait partie de l'illusion.

Il est venu pour « Être » le message, pas seulement l'enseigner. Et ce message était simple : vous n'êtes pas séparé du Divin. Vous ne l'avez jamais été. Réveillez-vous et laissez-moi vous expliquer comment.

Deuxièmement, Il a incarné le Christ, pleinement.

« Christ » n'est pas un nom de famille. Ce n'est même pas une personne. Voyez-le comme un code avec votre esprit logique. Un *blueprint*, un plan d'unité. Une fréquence d'amour divin qui se souvient de la plénitude même au cœur des ténèbres.

Nombreux sont ceux qui l'avaient accédé auparavant. Jésus l'est *devenu* pleinement.

Il n'a pas dit : « *Adorez-moi.* »
Il a dit : « *Suivez-moi. Devenez comme moi.* »

Il a sillonné la Terre tel un miroir vivant de ce que chacun porte en lui. Ce faisant, il a éclaté l'illusion selon laquelle seuls quelques-uns méritent une connexion divine. C'est ce qu'il voulait dire lorsqu'il a affirmé être venu pour diviser, pour séparer l'illusion de la vérité.

Il n'appartenait pas à un ministère.

Il n'a pas vendu l'accès au paradis.

Il a dit que l'église était en soi.

Il *était* le paradis, là, dans un corps comme le nôtre, ressentant ce que nous ressentons, choisissant malgré tout l'amour divin.

Il utilisait le même vocabulaire qu'à l'époque, mais que vous le nommiez pécher, ou erreur de pensée, ou pensées provenant de l'ego et actions provenant de l'ego, tout ça est identique. Ni du Divin, ni de la Lumière.

Troisièmement, il a *connecté le circuit* de la Lumière

Nous évoluons maintenant vers quelque chose de peut-être plus métaphysique. Mystique ou métaphysique, c'est toujours la façon de voir ce qui n'est pas de l'illusion. Tout le monde n'a pas besoin de le saisir pleinement, il suffit de le ressentir.

Par sa mort et sa résurrection, Jésus n'a pas seulement marqué un point. Il a ancré un modèle pour nous tous. On pourrait dire qu'il a codé la grille terrestre avec la fréquence du Christ, un point d'accès énergétique, comme un modèle spirituel que toute âme pouvait accéder à partir de ce moment. Même si vous ne le comprenez peut-être pas logiquement, vous pouvez le ressentir. Vous le ressentez en silence lorsque vous accédez à cette fréquence, parce que vous ne pouvez pas exprimer ce sentiment. Aucun mot ne peut l'exprimer.

Vous n'aviez plus besoin de naître d'une famille, d'un milieu ou un système religieux particulier. La Lumière était désormais présente dans le système. Vivante, disponible et encodée à l'intérieur.

Imaginez Bouddha allumant la lanterne, Jésus connectant le circuit électrique.

Et non, ça ne rend pas Bouddha inférieur à Jésus. Seul l'ego pourrait les comparer. Chacun a son propre but avec le même enseignement.

Il est venu pour supprimer les gardiens, façon de parler. Avant ce changement, la spiritualité était structurée. Rigide. L'accès au Divin était distribué par des gardiens : prêtres, temples, rituels, règles. C'était externalisé et seuls quelques-uns étaient autorisés à accéder à la vérité divine, et seuls quelques lieux étaient acceptés comme lieux de rencontres spirituelles avec le Divin. Du moins, c'est ce qui était enseigné.

Jésus est venu et a dit : « *Le Royaume est en vous.* »

Aucune permission requise. Aucune hiérarchie à gravir. Aucune religion spécifique.

Le chemin vers le Divin est devenu intérieur, personnel, direct, par le pardon, l'abandon et l'amour. Par la souvenance silencieuse.

Et quelque chose d'autre s'est aussi produit lorsqu'Il est venu... Il a modifié la ligne de temps. Parce que même le temps a semblé reconnaître l'importance de ce qui s'était passé. Consciemment ou non, l'humanité a alors divisé son calendrier : avant Jésus-Christ (av. J.-C ou AC) et après les années du Seigneur (ap. J.-C. ou AD).

Sa vie n'était pas seulement un geste religieux. C'était une admission par le collectif dans le subconscient que quelque chose avait changé de manière irréversible.

Il n'a pas seulement enseigné l'Amour. Il a fait pencher la balance du karma planétaire.

À partir de ce moment, la porte est restée ouverte. Pour nous tous. Pour toujours.

Donc, lorsque quelqu'un vit depuis la Conscience Christique, cette personne chemine en étant une Lumière dans la forme, dissolvant doucement l'illusion partout où elle va, et ce faisant, accomplit la vision même qui a donné naissance à ce livre.

Conclusion : Le Vrai commencement

Pendant une grande partie de l'histoire humaine, le récit de la Genèse a été accepté comme *le* commencement – le premier acte divin, le premier souffle de vie, la première erreur, le premier exil, et ainsi de suite. Mais lorsqu'on commence à véritablement marcher sur *la Voie*, non seulement en croyance ou en comportement, mais aussi par l'Être, une vérité différente commence à murmurer à travers l'âme.

Et ce n'est pas un besoin de l'ego que de le comprendre ; c'est la Vérité qui veut émerger.

Je ne suis pas *prêcheur*, mais j'ai lu mes textes sacrés, et la Genèse, telle que rapportée dans les Écritures, parler de la création à partir de la poussière, d'un jardin de paix, d'un serpent de tentation et de la chute de l'homme. Elle dépeint une image d'un commencement, et pourtant, elle laisse derrière elle une longue ombre de questions telles que :

D'où vient Dieu ? Qui a créé le serpent ? Pourquoi un Créateur parfait aurait-il créé une créature fragile ? Pourquoi la honte ? Pourquoi la peur ? Comment se fait-il que Jésus ait parlé d'un Dieu d'Amour, alors que ce n'est pas ce que j'ai lu dans les livres précédant ses enseignements ?

Ce ne sont pas des questions irrévérencieuses. Vous aviez peut-être les mêmes. Ce sont des *coups de pouce* de l'âme, comme des invitations à se souvenir de quelque chose de plus ancien que la doctrine.

Et parce que j'aime et que je lis toujours les textes gnostiques, et parce que je suis également attirée par les enseignements d'autres religions, mon chemin spirituel personnel a rencontré de nombreuses croyances différentes en cours de route.

Quand ma propre souvenance a commencé, ça n'a pas été accompagné de tonnerres ni de visions d'anges. C'est venu avec une clarté intérieure, douce mais inébranlable, une connaissance profonde que le *commencement qui nous avait été dit n'était pas le vrai commencement*, annoncé n'était pas le véritable commencement. Pas parce l'histoire soit fausse, mais parce qu'elle est incomplète.

Ce que nous appelons « la Genèse » n'est pas *l'origine* de la création, mais un *instantané* d'un vaste et lumineux déploiement. C'est le milieu de l'histoire, comme un moment charnière où le JE SUIS, s'étant déjà connu comme Lumière, a choisi d'expérimenter la limitation... la forme... l'oubli. Une expérience divine pour se voiler et redécouvrir la Vérité par le chemin humain.

La Genèse parle aussi de symboles, et j'admets ne pas les connaître tous, mais j'en sais suffisamment pour croire que le jardin n'est pas seulement un lieu, c'est le dernier écho du savoir avant l'oubli. Le serpent n'est pas simplement le mal, c'est la voix du choix, du contraste. La « chute » n'est pas une punition; c'est une descente dans l'expérience. Et le soi-disant exil ? Ce n'était jamais un bannissement. C'était une immersion sacrée dans la séparation, dans un temps et un lieu où la guidance divine semblait absente, afin que les retrouvailles puissent un jour être choisies. Choisies de plein gré.

Quand j'ai pris conscience de ceci pour la première fois, j'ai ressenti une profonde émotion à même mon cœur.

Non pas parce que j'avais découvert un secret caché, mais parce que quelque chose en moi s'en souvenait.

Je ne prétends pas être un érudit. Je ne suis pas ici pour décortiquer des textes anciens ni débattre de chronologies. D'autres le font. Ceci n'est pas une étude de théologie ou d'histoire, c'est le témoignage d'une âme. L'humble offrande de quelqu'un qui a marché suffisamment profondément dans la Vérité intérieure pour comprendre que la Genèse qui nous a été enseignée commence bien *après* la première étincelle de l'âme. Et mon désir était de connaître ceci de l'intérieur, et non pas simplement d'accepter ce qu'on m'avait dit.

J'ai donc compris qu'il y avait beaucoup de temps avant le jardin, et la conscience avant le serpent. Il y avait l'intention, pas la punition. Et par-dessus tout, il y avait, et il y a toujours... l'Amour.

Cette souvenance n'efface pas ce qui a été transmis. Il le recadre. Il le libère. Il lui donne le contexte d'une lumière bien plus ancienne.

À ceux qui ont senti les questions remuer en eux mais ont eu peur de les poser, sachez ceci : votre âme se souvient. Vous n'êtes pas perdu. Vous ne doutez pas. Vous vous éveillez, tout simplement.

Et tout comme lorsque nous nous réveillons le matin, nous ne nous réveillons pas d'un seul coup, l'éveil spirituel ne se produit pas non plus d'un coup.

Et tout comme lorsque nous nous endormons le soir, nous n'entrons pas dans un sommeil profond d'un seul coup. Même la phase du rêve survient progressivement. De la même façon, la phase du rêve spirituel, l'illusion que nous vivons, s'est déployée lentement, jusqu'à ce que nous commencions à croire que nos rêves étaient réels.

Et la Genèse ?

Ça n'a jamais été la première page.

C'était la partie où le rêve s'est approfondi... pour que l'âme puisse un jour se rappeler comment se réveiller.

Épilogue : révélations dans les jours qui ont suivi

J'ai eu une révélation incroyable ce matin, une révélation qui a finalement dévoilé quelque chose sur laquelle je me suis assise pendant ce qui me semble être des éternités.

Je comprends maintenant pourquoi je n'ai jamais pu *véritablement* corriger le parcours de mes croyances sur la pauvreté et l'abondance, malgré tous mes changements d'état d'esprit et mes nombreuses tentatives de revisiter cette histoire par un travail intérieur. Et la clarté n'est pas venue parce que j'étais encore emmêlée avec mon ego, mais parce que je ne l'étais plus. C'est exactement pourquoi je n'avais pas pu corriger la croyance au niveau où l'ego contrôle.

Parce que j'avais déjà clairement vu l'ego : sa nature, sa fonction et ses illusions, je n'étais plus prise dans ses façons de faire comme beaucoup d'autres. *C'est* pourquoi je ne parvenais plus à surmonter ce pattern précis. Je n'étais pas censé le travailler au niveau de l'ego, dans un espace que j'avais déjà transcendé, quand j'essayais de modifier quelque chose. L'illusion ne contenait désormais plus rien de vrai, il n'y avait donc rien de réel à réparer, seulement quelque chose de plus profond à comprendre.

Et puis j'ai lu quelque chose qui a mis tout en place. Dans *La Sophia de Jésus (Sagesse de Jésus)*, un livre gnostique que je n'avais pas encore eu l'occasion de lire et qui n'est pas le même que *Pistis Sophia*, le mot « pauvreté » est utilisé pour décrire l'expérience de l'ego sur Terre : « *Celui qui a été envoyé pour vous enseigner et vous expliquer cela est maintenant avec vous jusqu'à la fin de la pauvreté que les voleurs ont apportée sur vous.* »

Ça m'a frappé comme un éclair. Cette *pauvreté* n'a rien à voir avec être pauvre versus être riche. Ce n'est pas un manque matériel. C'est une pauvreté spirituelle, un oubli de la richesse du JE SUIS que nous sommes déjà. Et à partir de ça, l'ego, avec tout son bagage et toutes ses données anciennes et collectives dans le subconscient, tisse l'illusion que nous sommes pauvres dans ce monde, que nous n'avons pas assez, qu'il nous manque quelque chose.

Mais c'est là la clé : ce n'est pas *ma* racine. C'est la racine de l'ego ! OMG, comme je l'ai vu tellement clairement.

Et voici la portion la plus étrange : chaque fois que j'essayais de passer de l'insuffisance à l'abondance, je le faisais encore à partir du terrain de l'ego, même quand j'essayais de le changer en Conscience. J'utilisais la logique de l'ego pour résoudre une illusion créée par l'ego. C'est certain que ça ne pouvait jamais fonctionner ! Ça peut peut-être fonctionner pour ceux qui opèrent encore à partir de l'ego, parce qu'ils peuvent « améliorer » la croyance, façon de parler. Mais pour quelqu'un qui voit au travers ? Il n'y a rien à changer ici. Il me fallait ajuster plus haut. Il me fallait remonter à la *source* de cette illusion et la voir d'au-delà.

C'est comme si toute cette discussion sur la pauvreté-abondance était un sous-sujet dans le manuel de l'ego. Je n'étais pas censé éditer cette section. Jamais. J'étais censé *jeter tout le chapitre* et revenir à la Vérité.

Maintenant, « *nous sommes riches en Conscience* » et « *abondants en JE SUIS* » est complètement différents pour moi. Ce n'est pas seulement une belle idée, ni une nouvelle croyance, mais une réalité énergétique et dimensionnelle. Une connaissance. Un retour à Soi.

Ce n'était pas un changement d'état d'esprit. Parce que les changements d'état d'esprit se font dans l'illusion. C'était un changement dimensionnel, qui m'a permis de voir que la racine que je cherchais était impossible à trouver dans l'ego-réalité.

L'ego conserve cette ancienne empreinte de « pauvreté » et l'utilise comme donnée primaire, intégré dans l'inconscient collectif, pour générer l'expérience émotionnelle, mentale et physique du « pas assez », du manque de temps, d'amour, d'argent, d'énergie, de valeur, et ainsi de suite.

Il a caché derrière l'ego-voile la vérité que cette pauvreté n'avait jamais pour but d'être l'opposé de l'abondance, mais bien d'être séparé dans l'Esprit.

Pauvreté en Esprit.

Pourtant, lorsque nous nous libérons du contrôle de l'ego, lorsqu'il retrouve son rôle neutre et sa juste place, il ne peut y avoir que richesse en Esprit. L'ego a simplement utilisé cette pauvreté et cette richesse comme outils de contrôle sur l'expérience de la vie physique.

Ça a toujours été au sujet de l'oubli de l'Identité Divine.

*

Bien avant de lire les textes gnostiques que je lis aujourd'hui, j'avais commencé déjà à dire quelque chose venant du plus profond de moi-même pour mieux expliquer le rôle et le contrôle de l'ego : « *L'ego se croit Tout-puissant.* » Ça me semblait vrai, non pas intellectuellement, mais viscéralement. C'était de cette façon que j'expliquais comment l'ego essaie de se prendre la place de la Lumière, usurpant l'identité du JE SUIS sans pourtant avoir de véritable pouvoir. C'était de cette façon que j'expliquais comment, parfois, nous croyons que l'ego est notre véritable identité, et pourquoi nous lui laissons le contrôle de notre espace mental.

Ce matin, tout en lisant des textes gnostiques sacrés, j'ai vu des mots le décrivant exactement : un faux Tout-Puissant qui enchaîne les âmes dans l'oubli, répandant la matière par la pauvreté de Lumière. En passant, pauvreté signifie une vie sans Lumière, sans Esprit. J'ai fait une pause, émerveillé, en pensant : « Wow, comment ai-je pu savoir ça avant même de l'avoir lu ? » Mais c'est là toute la beauté de la souvenance divine : ce qui est vrai n'a pas besoin d'être enseignée, ça s'élève de l'intérieur. Ce qui m'a frappé encore plus profondément, c'est cette réalisation : le « Tout-Puissant » que beaucoup prennent pour Dieu n'est pas la véritable Source, n'est pas le JE SUIS. C'est une projection de l'ego-conscience, le dieu de l'illusion.

Et l'humanité, ignorant cela, a vénéré l'ombre plutôt que la Lumière. Pas étonnant le chaos qui règne ! Nous dormions profondément, *croyant que la copie était l'original*. Mais l'âme sait et se souvient. C'est notre tâche de permettre cette souvenance. Et dans cette souvenance, nous commençons à nous éveiller et à voir la fausse lumière pour ce qu'elle est, non pas pour la craindre, mais pour la dépasser, vers le Réel. *Oh, comme j'aime ces instants de révélation que je vis sans cesse!*

*

L'ego est aussi une croyance. Et celle-là, je ne l'avais jamais vue comme ça avant ce matin. C'est pourquoi elle est neutre et n'a aucun pouvoir. Il ne s'agit pas simplement d'apprendre à l'apprivoiser ou de reprendre le contrôle de notre espace mental. L'ego n'existe pas, sauf dans l'état de rêve créé par les croyances.

Si tout est créé en Conscience, et *dans* la conscience – dans cette sphère de Lumière où il y a des âmes en expansion, où il n'y a rien, rien d'autre que les croyances de tout ce que nous pouvons expérimenter, être et devenir… l'ego est clairement aussi une croyance.

L'ego, étant la partie neutre, comme une machine nous permettant d'expérimenter la vie physique à travers le corps et ses cinq sens, n'est que le mécanisme permettant la projection de tout ce que nous pouvons être et devenir.

Sachant que nous créons en Conscience et que nous en voyons le résultat dans l'ego-réalité... et sachant que tout commence par une croyance dans la Conscience permettant les pensées et les émotions, et donc la perception, l'ego est alors aussi une croyance. Je sais que je le répète, mais c'est de cette façon que les données sont enregistrées dans notre subconscient.

Nous croyons que notre ego est une partie de nous-mêmes.

Nous croyons que l'ego est le projecteur dans cette illusion.

Nous croyons que notre ego a le contrôle... jusqu'à ce que nous cessions d'y croire.

Nous avons créé notre ego pour fonctionner dans cet état de rêve.

C'est une croyance, comme toute autre croyance.

Et juste comme ça,
je crois avoir vu ce que j'avais besoin de savoir.

Au sujet de l'auteure

Dr Nathalie Turgeon, Ph.D., est une enseignante spirituelle, une praticienne métaphysique et une guide en conscience dont la vie témoigne de la sagesse qu'elle partage. Avec plusieurs décennies d'expérience directe en tant que conseillère, sa véritable initiation a débuté bien avant l'obtention de diplômes ou de titres, ancrée dans une profonde vocation intérieure qui a façonné son cheminement dès son plus jeune âge.

Son cheminement n'a pas suivi une ligne droite, mais a plutôt été rempli de détours sacrés, d'oublis nécessaires et de retours pointés sur *la Voie*. Comme plusieurs chercheurs de Vérité, elle a erré plus d'une fois loin de la Vérité qu'elle enseigne aujourd'hui, non par échec, mais pour incarner la compréhension, la compassion et la maîtrise de l'intérieur. Chaque pas la rapprochait de la prise de la réalisation qu'elle n'était jamais vraiment perdue, mais rassemblait seulement ce dont elle avait besoin pour un jour guider les autres vers eux-mêmes, sans jugement.

Ce qui distingue Dr Nathalie, c'est qu'elle enseigne uniquement ce qu'elle a vécu. Elle a toujours voulu joindre le geste à la parole. Ses perceptions ne sont pas des théories empruntées, mais des révélations durement acquises, issues de ses propres expériences d'abandon de l'ego, de moments de grâce, de visions et d'un travail intérieur approfondi. Sa mission est claire : aider les autres à libérer leur esprit, à se libérer de l'illusion de l'ego, à s'éveiller à leur Moi Supérieur et à vivre dans l'Amour pur.

Dans la cinquantaine, elle a repris ses études, poussée par un appel intérieur à approfondir ses connaissances. Titulaire d'un doctorat en philosophie avec une spécialisation en conseil métaphysique, elle s'est donnée pour mission d'explorer, pour sa dissertation, le thème de la gratitude : « : *Gratitude as a*

Spiritual Mind Treatment for Mental Health » (La gratitude comme traitement spirituel pour la santé mentale), après sa thèse intitulé « *Reaching the Summit of Consciousness Through Meditation Like Great Masters and Prophets Did* » (Atteindre le sommet de la Conscience par la méditation, comme l'ont fait les grands maîtres et les prophètes.)»

Pendant qu'elle auto-publie des livres de pratiques sur la gratitude, le Ho'oponopono et la foi, ce n'est que récemment qu'elle a pleinement réalisé son rêve depuis toujours permettant à l'auteur qui sommeille en elle de partager sa connaissance approfondie sous forme de livre, non seulement en s'adressant à l'esprit, mais en éveillant quelque chose au-delà des ego-voiles, afin de permettre à l'âme de briller au travers. Qu'elle écrive, enseigne ou qu'elle soit tout simplement, Dr Nathalie transmet la vérité spirituelle comme quelqu'un qui l'*est*.

Son message principal et son mantra ?

« **Inspirez, laissez aller les pensées et vision provenant de votre ego, voyez avec votre Âme, et Aimez!**

nathalieturgeon.com

breatheinloveoutcenter.com

www.ingramcontent.com/pod-product-compliance
Lightning Source LLC
Chambersburg PA
CBHW051606010526
44119CB00056B/801